razgo

CESAR CASTELLANOS D.

liderazgo

DOCTRINA

NIVEL 3

GUIA DEL ALUMNO

lideraz

EQUIPO EDITORIAL

Dirección Ejecutiva	Eliemerson Proença
Corrección Literaria y Doctrinal	Doris Perla Cabrera Natasha Cabrera
Diagramación	Camila Diaz

2003©César Castellanos D.
Publicado por G12 Editores.
2020 NE 163 Street, suite 101
North Miami Beach, 33162
Teléfono (305) 940 1499

Correo Electrónico   sales@g12bookstore.com

Visítenos   www.mci12.com
www.g12bookstore.com

Miami, FL. USA

ISBN 958-8092-10-8

Impreso en Colombia   Printed in Colombia

CONTENIDO

El énfasis de la Guia No. 3 de la Escuela
de Líderes está centrada en el liderazgo.
El objetivo de este tomo es «dotar a toda
persona dispuesta a ser usada por Dios
en la visión celular y el modelo de los doce,
de las pautas basicas para que desarrollen
un liderazgo efectivo, que contribuya
al fortalecimiento de su ministerio y al
crecimiento de la iglesia».

Uno de los más importantes compromisos que hemos
asumido delante de Dios es «hacer de cada creyente
un líder». Cada persona, ya sea niño, joven, hombre
o mujer, es un líder en potencia. Y tan pronto como
nos damos a la tarea de que el carácter de Cristo sea
reproducido en sus vidas, ellos mismos experimentan
cómo el Señor va limando sus asperezas de sus vidas,
pues cada persona esta dotada de talentos, que
al ponerse en las manos de Dios, se convierten en
instrumentos efectivos para que el reino de Cristo sea
establecido en la tierra, hasta lograr que «ella sea llena
del conocimiento de la gloria de Dios, como las aguas
cubren el mar» (Habacuc 2:14)

Alumnos de Tercer Nivel de la Escuela de Líderes, ustedes tienen en sus manos un manual sencillo y práctico para enseñar a sus discípulos a ser líderes de acuerdo al corazón de Dios, conforme a las exigencias del mundo moderno, y así satisfacer las necesidades actuales de la iglesia. Además, esta guia expone los principios para que el alumno experimente un crecimiento interno, que luego se refleje en lo externo, pues esto le podrá llevar a un liderazgo exitoso.

César Castellanos Domínguez

Liderazgo

Mateo 5:1-16

FUNDAMENTACIÓN
BÍBLICA
COMPLEMENTARIA

Marcos 9:35

Hebreos 11

1 Corintios 11:1

2 Timoteo 2:15

1 Samuel 17:45-46

Hechos 13:1-3

2 Timoteo 2:1, 2

1
LECCIÓN

TEXTO CLAVE

"Vosotros sois la sal de la tierra; pero si la sal se desvaneciere, ¿con qué será salada? No sirve más para nada, sino para ser echada fuera y hollada por los hombres"
Mateo 5:13

PROPÓSITO

Cuando le preguntaron al gran maestro Miguel Ángel acerca de su obra «El David», él dijo: «La imagen siempre estuvo ahí, lo único que hice fue remover unos cuantos escombros para descubrirla»

Con el modelo de liderazgo de los doce ha sucedido lo mismo, siempre ha estado ahí, sólo que el Señor nos ha permitido remover unos cuantos escombros que impedían que los creyentes lo vieran con claridad.

A través del modelo de los doce, podemos descubrir el potencial de cientos y cientos de personas que llegan a nuestra iglesia, Con la guía del Espíritu Santo, ellas son moldeadas hasta convertirse en líderes que dan un fruto extraordinario. En otras palabras, el modelo de los doce ha ayudado a identificar el verdadero concepto de liderazgo y a aplicarlo con eficiencia en nuestro trabajo ministerial.

El propósito de esta lección es ayudarle a conocer la esencia del liderazgo desde una perspectiva bíblica y guiarle a descubrir el líder que hay en usted.

1. ¿QUÉ SE ENTIENDE POR LIDERAZGO?

Existen numerosas definiciones y conceptos acerca del liderazgo, pero es fundamental que éste pueda ser forjado al pie de la cruz, ya que allí el hombre depone el pecado, el orgullo, la soberbia, el egoísmo y la avaricia. De esta manera, estaremos preparados para ejercer influencia sobre otros y ayudarles a lograr el desarrollo de su más alto potencial.

La influencia sobre otros alcanza aspectos esenciales: moldear el carácter de las personas, descubrir sus valores y talentos, y reconocer sus cualidades. Tener en cuenta estos aspectos nos permite orientar al individuo hacia su realización personal, y contribuir a que quien hace esta labor sea considerado como un líder de éxito.

A. Guiar a otros

Si ha logrado cultivar una excelente relación con el Espíritu Santo, ya está siendo influenciado de la manera correcta, pues Él es el mejor amigo que alguien pueda tener. Si recibimos las instrucciones de la propia fuente, va ser fácil ejecutarlas en esta tierra.

El centurión que deseaba que su siervo fuera sanado comprendía muy bien el sentido de la autoridad, por eso, le dice al Señor: "Señor, no soy digno de que entres bajo mi techo; solamente di la palabra, y mi criado sanará. Porque también yo soy hombre bajo autoridad, y tengo bajo mis órdenes soldados; y digo a éste; Ve, y va; y al otro: Ven, y viene; y a mi siervo: Haz esto, y lo hace. Al oírlo Jesús, se maravilló, y dijo a los que le seguían:

De cierto os digo, que ni aun en Israel he hallado tant fe" (Mateo 8:8-10).

Jesús dijo: "Vosotros sois la sal de la tierra; pero si la sal se desvaneciere, ¿con qué será salada? No sirve más para nada, sino para ser echada fuera y hollada por los hombres" (Mateo 5:13).

La integridad debe ser la base para guiar a otros. Perder la integridad equivale a vender la primogenitura por un plato de lentejas, pero mantenerse en rectitud nos lleva a tener un corazón conforme al corazón de Dios.

"Perfecto serás delante de Jehová tu Dios"

(Deuteronomio 18:13)

"Sed pues santos porque yo Jehová soy santo" (1 Pedro 1:16).

"Al corazón contrito y humillado no despreciarás tu, oh Dios" (Salmos 51:17).

"De oídas te había oído, mas ahora mis ojos te ven. Por tanto me aborrezco, y me arrepiento en polvo y ceniza" (Job 42:5-6).

"Hermanos míos, tened por sumo gozo cuando os halléis en diversas pruebas, sabiendo que la prueba de vuestra fe produce paciencia" (Santiago 1:2-3).

B. Motivar a otros

La mayor motivación se produce cuando la gente sabe hacia dónde se dirige, cuando puede vislumbrar un desarrollo progresivo dentro de su ministerio y cuando es capaz de ver cómo conquistar sus metas.

El Señor Jesús ejerció su liderazgo mediante una motivación permanente a sus discípulos para que con buena voluntad, actitud y diligencia, cumplieran el deseo de su corazón. Jesus logró motivarlos estableciendo un contacto permanente con ellos y mostrándose Él mismo como ejemplo.

> El líder que quiera alcanzar el éxito con sus discípulos no debe sentir celos de ellos ni desconfianza. La meta del líder es llevarlos a desarrollar el máximo de su potencial. Gracias a la motivación que el Señor dio a sus discípulos, éstos se esforzaron por dar a conocer a todo el mundo la doctrina, y ofrendaron sus vidas por la causa de Cristo.

> La influencia que da sentido al verdadero liderazgo implica alentar al individuo, motivarlo, impulsarlo a la innovación, desafiarlo al descubrimiento y aprovechamiento de sus dones y talentos y, sobre todo, formarlo hasta que esté en condiciones de influir en otros. El apóstol Pablo dijo: « Sed imitadores de mí, así como yo de Cristo» (1 Corintios 11:1).

> Al hablar de influencia, se hace referencia también a la habilidad para conseguir seguidores. Nadie puede decir que es líder si no tiene a nadie que le siga; por el contrario, «el que piensa que dirige y no tiene a nadie siguiéndole, sólo está dando un paseo».

C. Impulsar el desarrollo personal

Teniendo una visión definida como derrotero, el verdadero liderazgo es aquel que contribuye al desarrollo personal de cada uno de los que están siendo dirigidos, El logro de este propósito depende de la integridad de la persona que lidera.

Al respecto, Pablo le dice a Timoteo: «Procura con diligencia presentarte a Dios aprobado, como obrero que no tiene de qué avergonzarse, que usa bien la palabra de verdad» (2 Timoteo 2:15).

El líder debe procurar un cambio positivo en aquellos que están a su cargo, cuidar los intereses de cada uno de ellos y buscar el mejoramiento de su estilo de vida.

D. Forjar valientes

El liderazgo eficaz está integrado por personas valerosas, es decir, por aquellos que han superado los temores, las inseguridades y los complejos. Sólo éstos están capacitados de forjar valientes dentro de su equipo. La estrategia de Dios para forjar a sus valientes es la misma, siempre prueba a las personas en las pequeñas, cosas porque Él no nos confiere grandes responsabilidades hasta tener la seguridad de que seremos capaces de asumirlas.

David es un claro ejemplo del líder que es formado a través de las pequeñas experiencias y que se convierte en un valiente en las manos de Dios. Habiéndose entrenado en su labor como pastor de ovejas y enfrentándose a las fieras del campo, cuando estuvo frente al gigante, lo desafió convencido de que quien lo había librado de las fieras, también lo libraría del gigante, y que en el nombre del Señor obtendría la victoria (1 Samuel 17: 45-46).

2. PROPÓSITO IDEAL DEL LIDERAZGO

El proposito ideal del liderazgo es hacer que la visión corra. Sabemos que la manera más poderosa de difundir eficazmente la visión es a través del gobierno de los doce, tal como lo hizo el Señor Jesús.

Es deber del líder hacer que la visión descienda con facilidad a cada uno de los que componen su equipo, para que ellos puedan transmitir lo mismo a los que están liderando. Por ello consideramos que el lider debe debe establecer principios, que le permitan cumplir el propósito que Dios ha trazado para su vida, como son:

A. Tener un concepto correcto de sí mismo

"Y pienso que en nada he sido inferior a aquellos grandes apóstoles. Pues aunque sea tosco en la palabra, no lo soy en el conocimiento; en todo y por todo os lo hemos demostrado" (2 Corintios 11:5, 6).

B. Ser un ejemplo a otros

"Has amado la justicia y aborrecido la maldad; Por tanto, te ungió Dios, el Dios tuyo, con óleo de alegría más que a tus compañeros" (Salmos 45:7).

C. Vivir en la Palabra

"Nunca se apartará de tu boca este libro de la ley, sino que de día y de noche meditarás en él, para que guardes y hagas conforme a todo lo que en él está escrito; porque entonces harás prosperar tu camino, y todo te saldrá bien" (Josué 1:8).

D. Dejarse enseñar por Dios

"Te haré entender, y te enseñaré el camino en que debes andar; sobre ti fijaré mis ojos" (Salmos 32:8).

E. Ser capaz de instruir a su familia

"Y este será mi pacto con ellos, dijo Jehová: El Espíritu mío que está sobre ti, y mis palabras que puse en tu boca, no faltarán de tu boca, ni de la boca de tus hijos, ni de la boca de los hijos de tus hijos, dijo Jehová, desde ahora y para siempre" (Isaías 59:21).

F. Tener un corazón de pastor

"Y los apacentó conforme a la integridad de su corazón, los pastoreó con la pericia de sus manos" (Salmos 78:72).

G. Formar su equipo de doce

"Tenía Salomón doce gobernadores sobre todo Israel, los cuales mantenían al rey y a su casa. Cada uno de ellos estaba obligado a abastecerlo por un mes en el año" (1 Reyes 4:7).

"Y pondrás de tu dignidad sobre él (equipo), para que toda la congregación de los hijos de Israel le obedezca" (Números 27:20).

"Dadme de entre vosotros, de vuestras tribus, varones sabios y entendidos y expertos, para que yo los ponga por vuestros jefes" (Deuteronomio 1:13).

CONCLUSIÓN

El liderazgo consiste en ejercer influencia positiva sobre otros, lograr en ellos un cambio de mentalidad que ayude a mejorar su estilo de vida a través de una motivación permanente y procurar el desarrollo de cada persona. El liderazgo de éxito es aquel donde existen sueños, metas definidas, y un compromiso total, y se cumple el propósito de hacer que la visión sea extendida.

APLICACIÓN

1. Proponga en su corazón ser el mejor líder.
2. Cultive la amistad con el Espíritu Santo
3. Viva permanentemente motivado para que pueda motivar a otros.
4. Si ya ejerce un liderazgo, estudie las características del liderazgo de éxito expuestas en la lección y fortalezca aquellas en las que encuentre deficiencias personales.

TAREA

Lea los capítulos 2 y 3 de la parte I del libro «liderazgo de éxito a traves de los doce» del Pastor César Castellanos, y realice un resumen para presentarlo a su profesor(a). Enfoque este trabajo a su vida de liderazgo.

FUNDAMENTACIÓN
BÍBLICA BÁSICA

Jeremías 1:4-10

FUNDAMENTACIÓN
BÍBLICA
COMPLEMENTARIA

El Llamado

LECCIÓN

Romanos 11:29

2 Timoteo 1:9

Filipenses 3:14

2 Tesalonicenses 1:11

Hebreos 3:1

Efesios 4:11

Éxodo 18:21

TEXTO CLAVE

«Antes que te
formase en el vientre
te conocí, y antes que
nacieses te santifiqué,
te di por profeta a las
naciones»
Jeremías 1:5

PROPÓSITO

El alumno debe comprender la importancia de la visión del gobierno de los doce, ya que está integrada al llamado. Cuando Dios nos da una visión, debemos unir nuestras fuerzas para engrandecerla y entender que cada uno de nosotros fuimos escogidos desde antes de la fundación del mundo.

El propósito de esta lección es que usted conozca lo que significa el llamado de Dios y cómo responder de una manera eficaz, para ser moldeado y usado por el Señor.

Dios, para llevar a cabo su propósito en esta tierra, siempre cuenta con el ser humano. Cuando Él quiso liberar a su pueblo de la opresión que sufría en Egipto, escogió a Moisés, lo formó y luego lo envió para que fuera a sacarlo de la tierra de esclavitud; Luego, Dios rodeó a Moisés de personas que creyeron en su llamado y estuvieron dispuestos a apoyarlo en cada una de las decisiones que debia que tomar.

Cuando el Señor Jesús estuvo en la tierra escogió doce hombres, a quienes llamó apóstoles. Invirtió la mayor parte de su vida ministerial en ellos, y luego los envió a que continuaran con la misión redentora que Él había iniciado.

1. QUÉ ES EL LLAMADO

Aunque Jesús pudo haber vertido su vida en las multitudes, no lo hizo. Prefirió trabajar hábilmente en la formación de doce personas completamente diferentes unas de otras, y al igual que el alfarero con el barro, por tres años y medio le dio forma al carácter de cada uno de ellos. Luego sopló, y les dijo: «Recibid el Espíritu Santo» (Juan 20:21-22).

¿Cómo pudo lograr el Señor Jesús que doce personas sin cultura, sin educación, sin riquezas ni posición social, llegaran a convertirse en los pilares del cristianismo? La respuesta es sencilla, estas personas atendieron al llamado de Dios y estuvieron dispuestas a dejarse moldear por Él, para luego ser enviados.

«Y sabemos que a los que aman a Dios, todas las cosas les ayudan a bien, esto es, a los que conforme a su propósito son llamados» (Romanos 8:28).

A travéz de la visión que Dios nos dio, del gobierno de los doce, podemos ver que cada persona que hay dentro de nuestras comunidades es un líder en potencia, Una vez que logren desarrollar el proceso de formación podrán ver fruto a corto plazo en sus vidas. Jesús tuvo que dejarles a sus discípulos un modelo de vida sobre el que ellos deberían proyectarse. Pablo dijo:

"Sed imitadores de mí, así como yo de Cristo" (1 Corintios 11:1).

"Y yo también te digo, que tú eres Pedro, y sobre esta roca edificaré mi iglesia; y las puertas del Hades no prevalecerán contra ella" (Mateo 16:18).

Para edificar, primero se debe cavar profundamente para colocar las columnas. Debemos entender que la iglesia a la que el Señor se refiere, es aquella conformada por personas de todas las culturas, razas y clases sociales, que por el hecho de haber creído en Él, forman parte de su cuerpo. A ellos, el Señor los llama "mi iglesia", porque ya son parte de sí mismo.

Las personas constituyen la iglesia, y nuestra principal tarea debe consistir en ganarlas y trabajar cuidadosamente en ellas de manera individual, tal como lo hizo el Señor con sus apóstoles. "Vosotros también, como piedras vivas, sed edificados como casa espiritual y sacerdocio santo..." (1 Pedro 2:5).

Aunque el Señor no tuvo un templo, las multitudes le seguían, porque sabían que Él tenía la respuesta a sus necesidades. Esto lo movió a conformar el grupo de doce, para que todas las personas pudieran recibir un pastoreo personalizado.

El gobierno de los doce ha estado siempre en el corazón de Dios. ¿Cuál es el secreto que hay en los doce? Dios me lo aclaro años atrás. Pude oír en lo profundo de mi corazón la voz del Espíritu Santo que me decía: "Si entrenas doce personas y logras reproducir en ellas el carácter de Cristo que ya hay en ti, y si cada una de ellas hace lo mismo con otras doce, y si éstas, a su vez, hacen lo mismo con otras doce transmitiendo el mismo sentir entre unos y otros, tú y tu iglesia experimentarán un crecimiento sin precedentes".

Inmediatamente empecé a proyectar en mi mente el desarrollo ministerial que llegaríamos a tener en poco tiempo.

2. RECONOZCA EL LLAMADO

La sensibilidad al Espíritu Santo es una de las condiciones esenciales para atender al llamado de Dios. Somos conscientes que no estamos dentro del ministerio por nuestros dones, talentos o habilidades, sino por la gracia de Dios derramada en nosotros. "Pues a cada uno de nosotros fue dada la gracia conforme a la medida del don de Cristo" (Efesios 4:7). Cuando somos sensibles al Espíritu, los dones empiezan a ser revelados a nuestras vidas, «Y él mismo constituyó a unos, apóstoles; a otros, profetas; a otros, evangelistas; a otros, pastores y maestros, a fin de perfeccionar a los santos para la obra del ministerio, para la edificación del cuerpo de Cristo» (Efesios 4:11,12). Estos cinco ministerios son la extensión del carácter de Cristo dentro de nosotros.

En el reconocimiento del llamado intervienen varios aspectos:

A. Convicción

Es fundamental tener la plena certeza de que Dios nos llamó al ministerio, y buscar la motivación correcta para perseverar, ya que resulta imposible pretender desarrollar una labor sobrenatural con una actitud y una motivación natural. Además, sabemos que a quien Dios llama, lo equipa y lo respalda en todas las cosas.

B. Compromiso

El simple hecho de saber que de entre los miles de millones de seres que habitan en el planeta tierra, usted uno de los seleccionados por Dios para darle continuidad a su obra: debiera emocionarlo al punto del compromiso. "¿A quién enviaré, y quién irá por nosotros? Entonces respondí yo: Heme aquí, envíame a mí" (Isaías 6:8). Dios pudo haber escogido a otro, pero lo prefirió a usted. Haga sin temor la obra de Dios.

C. Quebrantamiento

"De cierto, de cierto os digo, que si el grano de trigo no cae en la tierra y muere, queda solo; pero si muere, lleva mucho fruto" (Juan 12:24). El apóstol Pablo fue una persona quebrantada, y no estimaba preciosa su vida con tal de culminar con éxito su misión. El quebrantamiento delante de Dios es el mecanismo de protección más poderoso que pueda tener un creyente, ante las diferentes adversidades de la vida.

D. Unción

La uncion equivale a experimentar la presencia de Dios de una manera permanente en nuestra vida; lo cual se refleja en lo que hablamos, en lo que enseñamos, en lo que oramos, en lo que emprendemos y en las personas a quienes lideramos. "Pero el Espíritu de Jehová vino sobre él, y las cuerdas que estaban en sus brazos se volvieron como lino quemado con fuego, y las ataduras se cayeron de sus manos" (Jueces 15: 14). Sansón aparentaba ser una persona similar a cualquier otra, la diferencia estaba en la unción de divina que él tenía. Dios nos dio la unción para que desarrolláramos efectivamente su obra.

E. Sujeción

Las personas que son lideres espirituales deben entender que su autoridad sobre otros no es impositiva, sino directiva, tenemos que presentarnos como ejemplo en todas las cosas; y de una manera, nuestros discípulos van aceptando la autoridad y a la vez ejerciéndola, sin que nadie se sienta herido (Romanos 13:1, 2).

F. Fructificación

Una de las grandes ventajas que tiene esta visión, es que cualquiera puede desarrollar todo el potencial que posee, el cual se va a ver reflejado en la fructificación. Sé que no existe mayor gozo que sentirse útil dentro de la obra del Señor. "Así también vosotros, cuando hayáis hecho todo lo que os ha sido ordenado, decid: Siervos inútiles somos, pues lo que debíamos hacer, hicimos" (Lucas 17:10).

CONCLUSIÓN

El Señor tiene una misión asignada para su vida. "Busqué entre ellos hombre que hiciese vallado y que se pusiese en la brecha delante de mí, a favor de la tierra, para que yo no la destruyese; y no lo hallé" (Ezequiel 22:30).
Sea fiel al llamado, que los ojos de Dios están puestos en usted.

Dios nos comisiona para una tarea concreta dentro de su obra. Este llamado está asociado al propósito de Dios para cada creyente, el cual se logre dependiendo del cumplimiento de los requisitos establecidos en las Escrituras. como los que aparecen en Éxodo 18:2.

APLICACIÓN

1. Tenga la plena certeza de su llamado.

2. Comparta con otros acerca de su fe en Cristo, pues la unción de Dios está en su vida.

3. Intensifique su nivel de oración a diario, hasta que arda en el fuego del Espíritu.

4. Ore por su equipo de doce.

5. Sueñe multitudes, y crea que Dios las traerá.

6. Descubra qué dones o talentos tiene, y póngalos al servicio del Señor.

TAREA

Lea los capítulos 1 y 2 de la parte I del libro «sueña y ganaras el mundo» del Pastor César Castellanos, y realice un resumen para presentarlo a su profesor(a).
Enfoque este trabajo a su vida de liderazgo.

Gálatas 5:22, 23

1 Timoteo 3:1-10

La Personalidad
del Líder

FUNDAMENTACIÓN
BÍBLICA
COMPLEMENTARIA

Parte 1

Tito 1:5-7

2 Timoteo 2:15

1 Tesalonicenses 5:23

Salmos 139:13

1 Corintios 13

Gálatas 5:16

Romanos 5:3-5

Romanos 14:17

Juan 14:27

Lucas 6:27-31

Marcos 10:17, 18

Hebreos 11:1, 6

1 Corintios 9:24-27

3
LECCIÓN

TEXTO CLAVE

«Mas el fruto del Espíritu
es amor, gozo, paz, paciencia,
benignidad, bondad, fe,
mansedumbre, templanza...»
Gálatas 5:22-23

PROPÓSITO

El mundo está pidiendo casi a gritos que se manifiesten aquellos líderes que tienen un corazón integro, que sean un ejemplo no solo como predicadores sino también como hombres de hogar, y que además sean hombres de verdad. Ser dueño de un carácter da definición a la personalidad del individuo, y ejerce gran influencia en el liderazgo que está desarrollando. Uno de los grandes aciertos del modelo de los doce es la posibilidad de moldear esta area del líder.

El propósito de esta lección es guiar al alumno a comprender eficazmente el concepto de personalidad y su importancia en la vida del líder.

1. PERSONALIDAD

Podemos preguntarnos qué tenía Dios en mente cuando decidió crear al hombre. No cabe la menor duda de que Él pudo visualizar un ser en el cual reproducir su carácter y su voluntad. Por ello sopló sobre su nariz aliento de vida, pues así como Dios señorea en el cielo, quería que el hombre señorease en la tierra, sobre todas las cosas. Dios reprodujo su carácter en el ser humano, como lo expresó el apóstol Pablo: "Porque somos hechura suya (la obra maestra de Dios), creados en Cristo Jesús para buenas obras, las cuales Dios preparó de antemano..." (Efesios 2:10).

Dios diseñó un hombre justo, amoroso, feliz, que pudiese convivir en sociedad, pero, ante todo, que pudiera disfrutar de una comunión íntima y permanente con el Creador. La personalidad de Dios era la misma que tenía el hombre, pues lo que hay dentro de las personas se refleja en sus acciones. El Señor toma como ejemplo a los árboles. Si el árbol es bueno, dará fruto bueno; si el árbol es malo, dará fruto malo. Si una persona esta llena de Dios, lo demostrará con sus buenas acciones; y quien no tenga a Dios, manifestara lo que tiene en su mente y corazón.

Una vida controlada por el Espíritu Santo es de principios firmes, de actitudes correctas y dueña de sí misma. El carácter de una persona se debe reflejar en el fruto del Espíritu que tenga dentro de sí. «Mas el fruto del Espíritu es amor, gozo, paz, paciencia, benignidad, bondad, fe, mansedumbre, templanza...» (Gálatas 5:22-23).

Tener personalidad es entender la obra redentora, pues en la cruz quedaron canceladas todas nuestras deudas, fueron borrados todos nuestros pecados, se desvanecieron todos nuestros fracasos y fuimos redimidos de toda maldición. Entender y aceptar, equivale a recuperar nuestra identidad.

A. Temperamento

Tiene que ver con nuestro hombre interior. Es lo que hace que cada persona sea única, diferenciándose de cualquier otra. Hay cuatro tipos de temperamentos básicos propuestos por Hipócrates:

- Sanguíneo: Entusiasta, vigoroso y atlético.
- Colérico: Tendencia a enojarse con facilidad, líder nato.
- Melancólico: Su tendencia es a la calma, a la depresión y a la tristeza.
- Flemático: Aparenta cansancio, pero se muestra reconciliado con la vida.

Todos los siervos de Dios fueron moldeados en sus respectivos temperamentos, hasta que llegaron a alcanzar el punto de equilibrio. El temperamento de Moises era tan fuerte que, en una ocasión, mató a un egipcio, y luego lo enterró para que nadie lo supiera. El trato de Dios con él fue tan efectivo, que luego vino a ser el varón más manso y humilde de toda la tierra (Números 12:3).

B. CARÁCTER

Es el reflejo externo de lo que hemos aceptado internamente. Se dice que el temperamento y el carácter integran la personalidad del ser humano. Faraón fue duro y obstinado porque aceptó como consejeros y asesores a hombres que estaban entregados a las prácticas del ocultismo. Como resultado, los demonios fueron entrando sutilmente y lograron manipular su carácter.

Cuando el Señor vino a la tierra, se presentó como el maestro por excelencia; Él dijo: "Aprended de mí que soy manso y humilde de corazón y hallareis descanso para vuestras almas" (Mateo 11:28). Jesús es el único que puede ejercer una influencia positiva en nuestro carácter. Y si gobierna nuestras vidas, él mismo se encargará de quitar toda influencia negativa que hubiésemos recibido en el pasado. Pues como él es, así somos nosotros en este mundo.

2. ÁREAS FUNDAMENTALES QUE NOS AYUDARÁN A CRECER

a. Alimente a diario su fe

Sabemos que la fe viene por el oír de la Palabra de Dios. Podemos ver que la fe es activa, y solamente llega a personas que se han dispuesto a entender las Escrituras. Aprender a vivir en fe nos eleva por encima de las circunstancias, y nos permite movemos en este mundo como si estuviéramos viendo todo lo que sucede en la esfera espiritual. Nuestra fortaleza consiste en confesar continuamente la promesa dada por Dios para nosotros. "Porque todo lo que es nacido de Dios vence al mundo; y esta es la victoria que ha vencido al mundo, nuestra fe " (1 Juan 5:4).

b. Sea una persona equilibrada

Es fundamental evitar los extremos. Pablo le da algunos consejos a Timoteo diciéndole:

• Sé ejemplo, Con tus palabras, con tu conducta y con tu amor.
• Ocúpate en la lectura, la exhortación y la enseñanza.
• No descuides el don espiritual que hay en ti.
• Ten cuidado de ti mismo y de la doctrina.
(1 Timoteo 4:12-16).

c. Involucre a su familia en el ministerio

Ésta será una de las más grandes protecciones contra cualquier ataque del adversario. Sabemos que Dios está restaurando la unción de familias sacerdotales, comprometidas con el ministerio Esta visión contribuye a que en su familia se desarrolle:

Un llamado familiar

"Y vosotros me seréis un reino de sacerdotes, y gente santa. Estas son las palabras que dirás a los hijos de Israel" (Exodo 19:6).

Una unción de restauración

"Él hará volver el corazón de los padres hacia los hijos, y el corazón de los hijos hacia los padres, no sea que yo venga y hiera la tierra con maldición" (Malaquías 4:6).

Un liderazgo que es ejemplo

"Y será el pueblo como el sacerdote; le castigaré por su conducta, y le pagaré conforme a sus obras" (Oseas 4:9).

CONCLUSIÓN

Usted es la obra maestra de Dios, el carácter de Cristo ha sido reproducido en usted, y tiene la capacidad de ser dueño de sí mismo. Conozca su temperamento, esfuércese a diario por someter cada área de su vida al control del Espíritu Santo. Ello se reflejará en el fruto del Espíritu, teniendo rasgos que le brinden autoridad en la actividad ministerial.

APLICACIÓN

Analice su comportamiento en relación al de otras personas e intente descubrir los rasgos más predominantes de su personalidad, hasta definir el temperamento imperante.

De acuerdo a Gálatas 5:22 y 23, observe las cualidades que son parte de su liderazgo y si encuentra debilidades en algunas facetas, dispóngase a fortalecerlas en oración, con la guía de su líder.

Gálatas 5:22-23
1 Timoteo 3:1-10

FUNDAMENTACIÓN
BÍBLICA
COMPLEMENTARIA

Tito 1:5-7
2 Timoteo 2:15
1 Tesalonicenses 5:23
Salmos 139:13
1 Corintios 13
Gálatas 5:16
Romanos 5:3-5
Romanos 14:17
Juan 14:27
Lucas 6:27-31
Marcos 10:17, 18
Hebreos 11:1, 6
1 Corintios 9:24-27

La Personalidad del Líder

Parte 2

4
LECCIÓN

TEXTO CLAVE

«Mas el fruto del Espíritu
es amor, gozo, paz, paciencia,
benignidad, bondad, fe,
mansedumbre, templanza...»
Gálatas 5:22-23

PROPÓSITO

El mundo está pidiendo casi a gritos que se manifiesten aquellos líderes que tienen un corazón integro, que sean un ejemplo no solo como predicadores sino también como hombres de hogar, y que además sean hombres de verdad. Ser dueño de un carácter da definición a la personalidad del individuo, y ejerce gran influencia en el liderazgo que está desarrollando. Uno de los grandes aciertos del modelo de los doce es la posibilidad de moldear esta area del líder.

El propósito de esta lección es guiar al alumno a comprender eficazmente el concepto de personalidad y la importancia de la misma en cada líder.

1. RASGOS QUE DISTINGUEN LA PERSONALIDAD DEL LÍDER

Así como la personalidad en general está constituída por diversos rasgos, la personalidad del líder se define con las siguientes caracteristicas:

A. Entusiasta

El buen líder procura imprimirle positivismo a todo cuanto hace, sin importar las circunstancias que lo rodean.
"Por tanto, no desmayamos; antes aunque este nuestro hombre exterior se va desgastando, el interior no obstante se renueva de día en día. Porque esta leve tribulación momentánea produce en nosotros un cada vez más excelente y eterno peso de gloria; no mirando nosotros las cosas que se ven, sino las que no se ven; pues las cosas que se ven son temporales, pero las que no se ven son eternas" (2 Corintios 4:16-18).

No desmayamos

El entusiasmo es una alta dosis de fe para no mirar las circunstancias, y mantenernos con muy buen ánimo en todo lo que hacemos.

Se renueva el hombre interior

La única manera de mantener una renovación día a día, es tener la mente abierta a la dirección del Espíritu Santo. Esto implica renunciar a conservar pensamientos tradicionales.

Mirando lo que no se ve

Debemos tener comunión con el Espíritu de Dios, para que Él, abra los cielos y podamos ver en el plano espiritual todo lo que queremos que traslade al plano natural. Cuando sus ojos espirituales se abran, usted va a quedar asombrado de todo lo que el Señor tiene para su vida, familia y ministerio y que por temor, o por ignorancia, no había conquistado, pero que ahora a través de la fe, lo puede traer al plano material.

B. Integro

El buen líder inspira la confianza de sus consiervos y de quienes le siguen. Lo que podemos mostrar ante los demás es nuestra vida de sujeción a la Palabra, que es lo que da la integridad. "Presentándote tú en todo como ejemplo de buenas obras; en la enseñanza mostrando integridad, seriedad, palabra sana e irreprochable, de modo que el adversario se avergüence, y no tenga nada malo que decir de vosotros" (Tito 2:7, 8).

Presentándote tú

Sería mucho más fácil decirle a los demás:"No me miren a mí, miren al Señor," pero Dios nos escogió como ejemplos de inspiración para muchos. Ellos están observando no solo lo que enseñamos sino lo que hacemos.

Palabra sana

Cada palabra que sale de nuestros labios es como un fruto; nuestra vida es como un árbol. Si estamos sanos por dentro, esto se verá reflejado en el valor de cada palabra que digamos. Cuando una vida está dominada por el temor, la duda, o la amargura, también se refleja en sus palabras.

C. Seguro de sí mismo

Alguien que no cree en sí mismo nunca se atreverá a enfrentar nuevos retos porque piensa que si los hace fracasará. Si Dios tuvo la osadía de creer en nosotros,
¿por qué nosotros aun no lo hemos logrado?
Los hombres de Dios se fortalecieron en lo que Dios había hecho en ellos. Caleb dijo: "Subamos luego, y tomemos posesión de ella; porque más podremos nosotros que ellos" (Números 13:30).

Josué dijo: "Por tanto, no seáis rebeldes contra Jehová, ni temáis al pueblo de esta tierra; porque nosotros los comeremos como pan; su amparo se ha apartado de ellos, y con nosotros está Jehová; no los temáis" (Números 14:9).

David le dijo a Goliat: "Jehová te entregará hoy en mi mano, y yo te venceré, y te cortaré la cabeza, y daré hoy los cuerpos de los filisteos a las aves del cielo y a las bestias de la tierra; y toda la tierra sabrá que hay Dios en Israel. Y sabrá toda esta congregación que Jehová no salva con espada y con lanza; porque de Jehová es la batalla, y él os entregará en nuestras manos".
(1 Samuel 17:46-47).

D. Confiable

Debemos asumir las pequeñas obligaciones como grandes responsabilidades, donde jamás pensemos en sacar provecho personal de lo que se nos ha confiado, pues tenemos la certeza de que en su tiempo seremos exaltados. Al lider confiable Se le pueden confiar los más grandes secretos, porque jamás los va a divulgar, y el corazón tanto de su cónyuge como de su superior, estará siempre en el confiado.
(1 Samuel 16:18).

E. Disciplinado

Así como el deportista se entrena dia a dia para tener éxito en su carrera, el creyente tiene que ejercitar a diario sus sentidos espirituales, físicos, emocionales e intelectuales, y debe aprender a exigirse a sí mismo, para culminar con éxito la carrera de la fe.

"No sabéis que los que corren en el estadio, todos a la verdad corren, pero uno solo se lleva el premio? Corred de tal manera que lo obtengáis. Todo aquel que lucha, de todo se abstiene; ellos, a la verdad, para recibir una corona corruptible, pero nosotros, una incorruptible. Así que, yo de esta manera corro, no como a la ventura; de esta manera peleo, no como quien golpea el aire, sino que golpeo mi cuerpo, y lo pongo en servidumbre, no sea que habiendo sido heraldo para otros, yo mismo venga a ser eliminado." (1 Corintios 9:24-27).

F. Perseverante

El apóstol Pablo dijo: "El labrador, para participar de los frutos, debe trabajar primero" (2 Timoteo 2:6).

En el Japón, hay una semilla que es conocida como la semilla del bambú japonés y ésta, después de ser sembrada, en sus primeros años, nada sucede (aparentemente). Todo ese tiempo la semilla ha trabajado desde la raíz y después del séptimo año, en solo seis semanas sucede el gran milagro. Aquella semilla se convierte en un tremendo bambú de aproximadamente 36 metros de altura. En su vida ministerial tiene que aprender a esperar lo que el Espíritu Santo estará haciendo en el interior de su liderazgo, y en el tiempo justo verá el desarrollo del mismo alcanzando una dimensión sin precedentes.

E. Reproductor

Debe tener la habilidad de darle continuidad al ministerio, a través de las personas que ha logrado formar en el liderazgo. Esta es la base para no dejar de crecer. Liderar consiste en ejercer influencia sobre otros, logrando el desarrollo de su más alto potencial. Esta influencia abarca el moldear el carácter, el descubrimiento de valores y el reconocimiento de cualidades.

CONCLUSIÓN

Usted es la obra maestra de Dios. El carácter de Cristo ha sido reproducido en usted., y tiene la capacidad de ser dueño de sí mismo. Conozca los rasgos de su personalidad, esfuércese a diario por someter cada área de su vida al control del Espíritu Santo, lo cual se reflejará en el fruto del Espíritu, y en los rasgos que brindan autoridad a la actividad ministerial.

APLICACIÓN

a. Analice su comportamiento en relación con el de otras personas e intente descubrir los rasgos más predominantes de su personalidad.

b. De acuerdo a Gálatas 5:22 y 23, observe las cualidades que forman parte de su liderazgo y, si encuentra debilidades en algunas facetas, dispóngase a fortalecerlas en oración, con la guía de su líder.

TAREA

Lea el capítulo 5 de la parte I del libro "liderazgo de éxito a traves de los doce" del Pastor César Castellanos, y realice un resumen para presentarlo a su profesor(a). Enfoque este trabajo a su vida de liderazgo.

El Precio del Liderazgo

5
LECCIÓN

TEXTO CLAVE

Jesús le dijo:
"Ninguno que
poniendo su mano en el
arado mira hacia atrás, es
apto para el reino de Dios"
Lucas 9:62

PROPÓSITO

Todo hombre debe entender que lo más importante es encontrar su lugar en el cuerpo de Cristo, donde tendrá que enfrentar grandes retos y desafíos. Dios escoge a cada uno de sus hijos, movido por su misericordia. Luego, Él tiene que trabajar en el carácter de cada uno de ellos, hasta esculpir su imagen y semejanza en sus vidas.

El propósito de esta lección es enseñar a los estudiantes que cualquiera que quiera obtener algo valioso, debe pagar un precio. Las cosas de poco valor muy pronto quedarán en el olvido, mientras que aquello que mucho nos ha costado es lo que con más esmero cuidamos. Aunque podemos hablar de un alto precio en el liderazgo, la realidad es que el precio ya fue pagado por el Señor Jesucristo dos mil años atrás. Tal vez el precio al cual podriamos hacer referencia es el de tener mucho cuidado de pisar donde el Señor ya ha marcado su huella.

1. PAGAR UN PRECIO

Muchos de nosotros, en realidad, nos sentimos como se sintió Moisés al bajar del monte, donde había experimentado la gloria de Dios. Dios le dio las tablas de la ley escritas con su propio dedo, pero cuando descendió del monte, encontró al pueblo desenfrenado y entregado a la idolatría. Esto le quebrantó el corazón, por lo que Moisés rompió las tablas de la ley, y quiso renunciar al ministerio. Todo líder tiene que afrontar situaciones difíciles, donde puede pensar que se equivocó, y puede sentirse tentado a renunciar al ministerio. Pero hay un fuego que arde dentro de su corazón, que los motivará a continuar. Cuando Moisés habló con Dios, comenzó a presentarle sus propios argumentos. (Exodo 33:12-23).

2. PREPARADOS PARA SOPORTAR

Como líderes, tendremos que soportar con madurez algunos aspectos que, si los sabemos manejar, no causarán ningún efecto. Los líderes de nuestros días podrán encontrar situaciones como las siguientes:

a. La crítica

Dos aspectos afectan mucho a los siervos de Dios, sentir el menosprecio o escuchar la crítica, a lo que el Señor dijo: "¿Quién es ciego, sino mi siervo? ¿Quién es sordo, como mi mensajero que envié? ¿Quién es ciego como mi escogido, y ciego como el siervo de Jehová, que ve muchas cosas y no advierte, que abre los oídos y no oye?" (Isaías 42:19, 20). Jeremías pudo contrarrestar la crítica a través de la fe: "Mas Jehová está conmigo como poderoso gigante" (Jeremías 20:11).

A los apóstoles la crítica tampoco les hizo cambiar sus prioridades (Hechos 6:1-2).

b. La fatiga

El trabajo del líder es intenso y puede acarrear cansancio, especialmente cuando no se tiene en cuenta la importancia de delegar funciones. Este fue el caso de Moisés (Éxodo 18:18). No obstante, cuando las actividades se incrementan, la tensión puede evitarse si tan solo llevamos nuestra carga y la depositamos a los pies del Señor. "Venid a mí todos los que estáis trabajados y cargados, y yo os haré descansar" (Mateo 11:28).

c. Tiempo

David le dijo a Dios: "En tu mano están mis tiempos" (Salmos 31:15). Cuando nuestro tiempo sea redimido en la presencia de Dios, trabajaremos de una manera mucho más eficaz. El Señor Jesús, aparentemente, por treinta años, permaneció en el anonimato, mas cuando llegó el tiempo de Dios, dio inicio a su ministerio y, en tan solo tres años y medio, logró redimir la humanidad, fundar la iglesia y dividir el curso de la historia. Rindamos tanto nuestra vida como nuestro ministerio en las manos del Señor, y Él nos ayudará a redimir el tiempo.

d. La soledad

"Mas él se apartaba a lugares desiertos, y oraba" (Lucas 5:16). Los tiempos de soledad deben ser aprovechados para incrementar la relación devocional con Dios, a fin de fortalecernos en Él. "Tarde y mañana y a mediodía oraré y clamaré, y él oirá mi voz. Él redimirá en paz mi alma de la guerra contra mí, aunque contra mí haya muchos" (Salmos 55:17, 18).

e. Decisiones

"Esto, pues, determiné para conmigo, no ir otra vez a vosotros con tristeza" (2 Corintios 2:1).
Pablo tomó la decisión de siempre presentarse con gozo ante los creyentes de Corinto, y que sus palabras les elevaran los ánimos. Todo líder tiene que tomar decisiones. Cuando éstas se llevan a cabo en oración, se verán resultados favorables. David, antes de tomar cualquier decisión en su vida, consultaba con Dios.

f. Rechazo

Lo opuesto a la aceptación es el rechazo. Pablo fue rechazado por los de su nación, pero esto no lo hizo ceder a los caprichos de ellos. Antes, se mantuvo firme, sin importar lo que se le viniera. Saúl por querer congraciarse con el pueblo, desobedeció a Dios y fue desechado como rey. Jesús al ser rechazado por los judíos, abrió su misericordia a los gentiles (Juan 1:11-12).

3. LO QUE EL SEÑOR PROMETE

a. Darnos ciudades y naciones

«Si Jehová se agradare de nosotros, él nos llevará a esta tierra, y nos la entregará; tierra que fluye leche y miel» (Números 14:8)

b. Autoridad espiritual

«Entonces llamando a sus doce discípulos, les dio autoridad sobre los espíritus inmundos, para que los echasen fuera, y para sanar toda enfermedad y toda dolencia» (Mateo 10:1).

c. Prosperidad en todas las dimensiones

«Amado, yo deseo que tú seas prosperado en todas las cosas, y que tengas salud, así como prospera tu alma» (3 Juan 2).

CONCLUSIÓN

El liderazgo exitoso está a nuestro alcance. Hemos nacido para liderar e influir positivamente en otros. No importa el precio que tengamos que pagar, el esfuerzo que tengamos que hacer, las batallas que tengamos que librar, sabemos que Dios nos llamó a su servicio, y nos apoyaremos completamente en Él, porque Él guardará nuestra alma de la angustia, y nos hará fructificar en nuestro ministerio. A Jesús le costó la vida misma, a nosotros nos corresponde una cuota de sacrificio a nivel personal y familiar. Pero Dios nos retribuye entregándonos las naciones, para que las conquistemos.

APLICACIÓN

Pagar el precio abarca todas las áreas de nuestra vida. Examínese y descubra en cuál de ellas requiere mayor entrega y consagración. Tenga un periodo de oración ferviente, hasta que sienta que todo está en las manos de Dios y que Él le mostrará su camino. Haga suyos los principios que está recibiendo, y crea que éstos le ayudarán en su desarrollo ministerial.

TAREA

Lea los capítulos 7 y 8 de la parte I del libro «liderazgo de éxito a traves de los doce», del Pastor César Castellanos, y realice un resumen para presentarlo a su profesor(a). Enfoque este trabajo a su vida de liderazgo.

Principios para un Excelente Liderazgo

LECCIÓN

TEXTO CLAVE

«Vosotros también,
poniendo toda diligencia
por esto mismo, añadid a
vuestra fe virtud...»
2 Pedro 1:5

PROPÓSITO

La vida del líder debe ser una vida con propósito, pero para ello, debe tener objetivos claros y concretos. Mientras estemos en esta tierra, no podemos ser como veletas, sin rumbo fijo. Debemos tener un objetivo, debemos saber hacia donde apuntar, y proponernos una meta a la cual llegar. Hay metas internas y externas que como cristianos tenemos que lograr.

Las metas externas están fundamentadas en lo que hacemos para Dios, y las metas internas, en lo que somos en Dios. Muchos se preocupan más de desarrollar lo externo que lo interno. Y puede ser que sus metas sean buenas, que los mantengan ocupados todo el tiempo, testificando, visitando, formando lideres, o trabajando en diferentes frentes del ministerio. Todo eso es bueno, pero la meta principal debe ser desarrollar lo que nosotros somos en Dios. A diario debemos procurar crecer en Cristo, hasta que su carácter se haya reproducido en nosotros. Jesús dijo: "Sed pues vosotros perfectos, como vuestro Padre que está en los cielos es perfecto" (Mateo 5:48).

Después del recital de un excelente violinista, una niña se le acercó diciéndole: «Daría mi vida por tocar como usted». El violinista le comentó: «Eso fue exactamente lo que yo hice, di mi vida para tocar así» Aquellos hombres que lograron dejar una huella en la historia de la humanidad, tuvieron una característica fundamental, aprendieron a crecer en Dios.

La presente lección tiene el propósito de ayudarle a encontrar caminos que lo conduzcan a la excelencia en su liderazgo, aplicando principios bíblicos que contribuyan a trascender de la mediocridad y el conformismo en la tarea de ganar y formar a otros para la obra de Cristo.

1. LIDERAZGO EFICAZ ES SINÓNIMO DE EXCELENCIA

Un principio que rige la ejecución de un liderazgo eficaz es la aplicación de la excelencia en todos sus procesos. En el liderazgo cristiano, la excelencia tiene que ver con la esencia misma del líder, tanto en su vida interior como exterior, es decir, su relación íntima con Dios por una parte, y la manera como ésta se refleja en aquellos a quienes lidera, por la otra.

Un líder es excelente en todas las áreas de su vida.

"¿No sabéis que los que corren en el estadio, todos a la verdad corren, pero uno solo se lleva el premio? Corred de tal manera que lo obtengáis" (1 Corintios 9:24).

Nadie abriría una escuela donde entrenara a la gente para fracasar en la vida. Tampoco nadie se casaría para ser la persona más desdichada de este mundo. Todos siempre anhelamos un mañana mejor y muchas veces, no importa pagar el precio que sea con tal de encontrar la fórmula que nos garantice el éxito. Pero, debemos entender que: "el éxito fue diseñado para que usted lo alcance".

Es importante comprender que tanto el éxito como el fracaso se encuentran dentro de nuestra propia vida. Si usted acepta el fracaso, porque éste quizá ha sido el gran compañero de toda su familia, o porque piensa que no tiene un título universitario, etc, con esa actitud, estará aceptando que ese huésped nada deseable, sea parte de su propia vida. Si piensa que como hijo de Dios posee muchos privilegios, registrados en la Palabra, y decide apropiarse de ellos haciendo valer sus derechos, entonces las puertas se van a abrir para que entre como todo un conquistador a caminar hacia la cima del éxito.

Napoleón Gil dijo: "Todo aquello que la mente humana pueda imaginar puede ser alcanzado por el hombre".

Muchas veces, no alcanzamos el éxito porque nunca nos detenemos a soñar. El éxito es creer que, a pesar de las circunstancias, usted podrá salir adelante. Usted va a encontrar un sin número de obstáculos que tratan de cerrarle el paso, pero éstos son la escuela que luego le ayudará con aquellos que esté liderando.

¿Cómo podemos distinguir a un líder excelente de otro que no lo es? Hay un sinnúmero de principios asociados a la excelencia. Los siguientes son sólo algunos de ellos:

a. La excelencia viene de Dios

"Él es la Roca, cuya obra es perfecta, porque todos sus caminos son rectitud..." (Deuteronomio 32:4).

"No puede el hombre recibir nada, si no le fuere dado del cielo" (Juan 3:27).

"Pero tenemos este tesoro en vasos de barro, para que la excelencia del poder sea de Dios, y no de nosotros" (2 Corintios 4:7).

b. La excelencia es una característica de los hombres de Dios

"De esta manera hizo Ezequías en todo Judá; y ejecutó lo bueno, recto y verdadero delante de Jehová su Dios. En todo cuanto emprendió en el servicio de la casa de Dios, de acuerdo con la ley y los mandamientos, buscó a su Dios, lo hizo de todo corazón, y fue prosperado" (2 Crónicas 31: 20). "He aquí yo he visto a un hijo de Isaí de Belén, que sabe tocar, y es valiente y vigoroso y hombre de guerra, prudente en sus palabras, y hermoso, y Jehová está con él" (1 Samuel 16:18).

c. La excelencia se logra con esfuerzo

"Pero cuantas cosas eran para mí ganancia, las he estimado como pérdida por amor de Cristo. Y ciertamente, aun estimo todas las cosas como pérdida por la excelencia del conocimiento de Cristo Jesús, mi Señor, por amor del cual lo he perdido todo, y lo tengo por basura, para ganar a Cristo, y ser hallado en él, no teniendo mi propia justicia, que es por la ley, sino la que es por la fe de Cristo, la justicia que es de Dios por la fe" (Filipenses 3:7-9).

d. La excelencia demanda diligencia

"En lo que requiere diligencia, no perezosos; fervientes en espíritu, sirviendo al Señor" (Romanos 12:11).

e. La excelencia demanda humildad

"Digo, pues, por la gracia que me es dada, a cada cual que está entre vosotros, que no tenga más alto concepto de sí que el que debe tener, sino que piense de sí con cordura, conforme a la medida de fe que Dios repartió a cada uno" (Romanos 12:3).

f. La exelencia busca la perfección en lo que hace

"Estando persuadido de esto, que el que comenzó en vosotros la buena obra, la perfeccionará hasta el día de Jesucristo" (Filipenses 1:6).

g. La exelencia busca disposición para enfrentar y resolver problemas

El liderazgo es una carrera donde encontraremos alegrías, o tristezas, algunas de ellas producidas por las personas que lideramos. es por eso que se requiere actuar con prudencia y mantener la sensibilidad cuando es necesario hacer guerra espiritual.

h. La exelencia es Flexibles

El líder debe ser constante en lo que emprende, pero también debe tener una mente abierta al cambio y ser hábil para establecerlo.

i. La exelecia se compromete

El logro de un alto nivel de excelencia en el liderazgo está condicionado también al compromiso que el líder asume ante su gente, y el que los seguidores adquieren con el líder, sin importar la condición o posición en que se encuentre cada uno de ellos (1 Samuel 22:2).

CONCLUSIÓN

Lo que lleguemos a ser en Dios, se verá reflejado en lo hagamos para Dios. La excelencia de Dios se ve reflejada en todas sus obras. Es nuestro deber como sus hijos hacer las cosas con ese mismo espíritu. Liderazgo y excelencia son dos conceptos que deben estar siempre relacionados. El líder cristiano debe procurar la excelencia y dar lo mejor de sí en el desarrollo de la visión que Dios ha provisto para su vida y ministerio.

APLICACIÓN

Haga una lista de aquellas áreas en las que le gustaría cambiar. Acepte que el éxito es suyo ahora, y diga como David: "Ciertamente el bien y la misericordia me seguirán todos los días de mi vida" (Salmos 23:6).

TAREA

Lea el capítulo 11 de la parte I del libro "liderazgo de éxito a traves de los doce", del Pastor César Castellanos, y realice un resumen para presentarlo a su profesor(a). Enfoque este trabajo a su vida de liderazgo.

Peligros del Liderazgo

7
LECCIÓN

TEXTO CLAVE

« Pelea la buena batalla
de la fe, echa mano de la vida
eterna, a la cual asimismo
fuiste llamado, habiendo hecho
la buena profesión delante de
muchos testigos»
1 Timoteo 6:12

PROPÓSITO

Pablo logró cultivar una relación de maestro - discípulo con Timoteo, y lo previno en algunos aspectos que él, como líder, no podía descuidar: "Ten cuidado de ti mismo y de la doctrina; persiste en ello, pues haciendo esto, te salvarás a ti mismo y a los que te oyeren"
(1ª Timoteo 4:16).

Pablo da a entender que ni el mundo ni el diablo lograrán apartarnos de Jesús. El mayor peligro somos nosotros mismos, razón por la cual el apóstol sometió su cuerpo y lo puso en obediencia. La otra advertencia tiene que ver con la doctrina. Si estamos atentos a ella, evitará que salgamos fuera del camino.

Todo líder tiene que librar tremendas batallas si desea cumplir con éxito el propósito para el cual ha sido llamado, y por el cual está en este mundo. David es un verdadero ejemplo del hombre entrenado y dispuesto a enfrentar cualquier tipo de peligro, con el fin de cumplir cabalmente con su meta. Por otro lado, vemos el caso de Saúl, que permitió el temor dentro de su vida, lo cual llevó a su propia destrucción.

El objetivo de esta lección es darle a conocer cuáles son los peligros más comunes que pueden afectar el liderazgo y ayudarle con algunas estrategias para que los enfrente y salga victorioso.

1. SITUACIONES DE PELIGRO

Una situación de peligro es todo aquello que amenaza con desestabilizar la vida de una persona y todo cuanto ella realiza. Es el riesgo inminente de que algo malo suceda. En general, todo líder está expuesto constantemente a este tipo de situaciones, especialmente el líder cristiano, porque el enemigo conoce perfectamente que se trata de una persona escogida para influir positivamente con el evangelio de Cristo en otras personas, hasta transformarlas y rescatarlas del infierno.

Podemos decir que los peligros del liderazgo se presentan cuando dejamos de depender de Dios, y comenzamos confiar en nosotros mismos o en nuestros logros. Pablo le sugirió a Timoteo: «Pelea la buena batalla de la fe, echa mano de la vida eterna, a la cual asimismo fuiste llamado, habiendo hecho la buena profesión delante de muchos testigos» (1ª Timoteo 6:12).

Pablo le recuerda a su discípulo acerca de:

a) Pelear la batalla de la fe

Hay días donde sentimos que tenemos la fe más grande del mundo, y otros en que pueda darnos la sensación de que la fe se ha esfumado, sintiendonos vacíos. ¿A qué se debe esto? A que todos los días estamos librando una tremenda batalla contra huestes espirituales de maldad en los lugares celestiales y estos poderes tienen como meta debilitar a los creyentes en la fe. Nuestra victoria depende de nuestra relación con Dios y con su Palabra.

b) Echar mano

Esto equivale a que tiene que apropiarse de la vida eterna que el Señor ya le dio. No se exponga a perder su salvación coqueteando con el pecado.

c) hacer profesión (confesión)

Profesión es el mismo tiérmino que confesión. Aqui se refierea la confesión publica de que Jesús es el Señor de nuestra vida, lo cual se ha convertido en un poderoso argumento en el mundo espiritual a favor nuestro.

2. ALGUNOS PELIGROS ANTE LOS CUALES DEBEMOS ESTAR PREPARADOS

En la vida cristiana, en general, aparecen situaciones difíciles o peligrosas que todo líder debe estar preparado para superar. Cuando el líder decide convertirse en un siervo comprometido con el ministerio y con la visión que Dios le dio, tiene que estar listo para enfrentar cualquier clase de adversidad, confiando en lo que el Señor dijo: "No te dejarié ni te desampararié". "¿Quién acusará a los escogidos de Dios? Dios es el que justifica. ¿Quién es el que condenará? Cristo es el que murió; más aún, el que también resucitó, el que además está a la diestra de Dios, el que también intercede por nosotros. ¿Quién nos separará del amor de Cristo? ¿Tribulación, o angustia, o persecución, o hambre, o desnudez, o peligro, o espada? Como está escrito: Por causa de ti somos muertos todo el tiempo; somos contados como ovejas de matadero. Antes, en todas estas cosas somos más que vencedores por medio de aquel que nos amó" (Romanos 8:33-37).

Aunque el adversario pretenda acusarnos, Dios ha levantado un cerco de protección alrededor de sus siervos y los protege.

Algunos otros peligros que más frecuentemente tiene que enfrentar el líder son:

A. Orgullo

"Digo, pues, por la gracia que me es dada, a cada cual que está entre vosotros, que no tenga más alto concepto de sí que el que debe tener, sino que piense de sí con cordura, conforme a la medida de fe que Dios repartió a cada uno" (Romanos 12:3).
Antídoto: Piense de sí mismo con cordura

B. Murmuración

"Hermanos, no murmuréis los unos de los otros. El que murmura del hermano y juzga a su hermano, murmura de la ley y juzga a la ley; pero si tú juzgas a la ley, no eres hacedor de la ley, sino juez. Uno solo es el dador de la ley, que puede salvar y perder; pero tú, ¿quién eres para que juzgues a otro?" (Santiago 4:11, 12).
Antídoto: Saber que usted no es juez, y que de la manera en que juzgue, se le juzgará.

C. Rebelión

"Porque como pecado de adivinación es la rebelión, y como ídolos e idolatría la obstinación. Por cuanto tú desechaste la palabra de Jehová, él también te ha desechado para que no seas rey" (1 Samuel 15:23).
Antídoto: Obediencia total a la Palabra de Dios.

D. Falsas revelaciones

"Pero el Espíritu dice claramente que en los postreros tiempos algunos apostatarán de la fe, escuchando a espíritus engañadores y a doctrinas de demonios; por la hipocresía de mentirosos que, teniendo cauterizada la conciencia, prohibirán casarse, y mandarán abstenerse de alimentos que Dios creó para que con acción de gracias participasen de ellos los creyentes y los que han conocido la verdad. Porque todo lo que Dios creó es bueno, y nada es de desecharse, si se toma con acción de gracias; porque por la palabra de Dios y por la oración es santificado (1 Timoteo 4:1-5).

El lider tiene una batalla que librar contra el espíritu de apostasía, que es cuando las personas desechan la gracia para andar por el camino de las obras, permitiendo el distanciamiento con su cónyuge, y sacrificándose aun en su alimento. Debemos entender que no somos más espirituales si dejamos o no de comer.

Antídoto: La Palabra de Dios y la oración santifican todo.

E. Desánimo

"Y les dirá: Oye, Israel, vosotros os juntáis hoy en batalla contra vuestros enemigos; no desmaye vuestro corazón, no temáis, ni os azoréis, ni tampoco os desalentéis delante de ellos; porque Jehová vuestro Dios va con vosotros, para pelear por vosotros contra vuestros enemigos, para salvaros" (Deuteronomio 20:3).

El desaliento se presenta cuando tenemos que enfrentar grandes retos o responsabilidades. en esas ocaciones tendemos a fijarnos en las circunstancias, quitando nuestros ojos de Dios.

Esto hace que:

      a) Nuestro corazón desmaye
      b) Este el temor
      c) Nos confundamos
      d) Predomine el desaliento.

Antídoto: confiar en la promesa Dios, que Él va con nosotros, pelea por nosotros, nos salva.

La batalla la ganamos primero dentro de nosotros mismos, pues lo que creemos en el corazón y confesamos con la boca, veremos como resultado.

F. Negligencia

"La mano negligente empobrece; mas la mano de los diligentes enriquece. El que recoge en el verano es hombre entendido; el que duerme en el tiempo de la siega es hijo que avergüenza" (Proverbios 10:4, 5).

El negligente es aquel que ve la necesidad espiritual de su ciudad, y prefiere dejarlo para después. Esto produce pobreza ministerial.

Antídoto: Ser diligente y entender que estamos viviendo un tiempo de mucha cosecha espiritual. Si lo creemos y actuamos, Dios enriquecerá nuestros ministerios.

G. Envidia

"He visto asimismo que todo trabajo y toda excelencia de obras despierta la envidia del hombre contra su prójimo. También esto es vanidad y aflicción de espíritu" (Eclesiastés 4:4).

La envidia es el resultado de una frustración. Su consecuencia es que las personas se sienten incómodas con el éxito de su prójimo, y tienden a caer en la murmuración, crítica y aflicción de espíritu.

Antídoto:

a. Buscar la excelencia en todas las cosas, pues cuando la alcance, desaparecerá la frustración, que es lo que produce la incomodidad de ver a los otros progresar.

b. Disfrutar de los éxitos de su prójimo como si fueran suyos. Esto reconfortará su espíritu.

H. Codicia

"Por la iniquidad de su codicia me enojé, y le herí, escondí mi rostro y me indigné; y él siguió rebelde por el camino de su corazón. He visto sus caminos; pero le sanaré, y le pastorearé, y le daré consuelo a él y a sus enlutados; produciré fruto de labios: Paz, paz al que está lejos y al cercano, dijo Jehová; y lo sanaré" (Isaías 57:17-19).

La codicia hace que Dios:

a) Se enoje
b) Te hiera
c) Esconda de ti su rostro
d) Se indigne contra ti

Antídoto:
- a) Un genuino arrepentimiento
- b) Dejar los propios caminos, para andar por las sendas de Dios
- c) Permitirle a Dios, sanar las heridas del pasado
- d) Aceptar a Dios como el pastor de su vida
- e) Cambiar su lenguaje, haciendo que sus labios proclamen la paz

I. Temor

"El temor del hombre pondrá lazo; mas el que confía en Jehová será exaltado" (Proverbios 29:25).

El temor es el resultado de un corazón herido, y paraliza al hombre en todas las decisiones que este tiene que tomar. Saúl es un gran ejemplo de los efectos desastrosos producidos por el temor.

Antídoto: Pablo dijo: "Porque no nos ha dado Dios espíritu de cobardía, sino de poder, de amor y de dominio propio" (2 Timoteo 1:7).

Como hijos de Dios tenemos que rechazar el temor en todas sus manifestaciones, porque la misión del temor es hurtar, matar y destruir.

Usted puede hacer la siguiente oración: "Padre me arrepiento por haber consentido el temor dentro de mi vida. Renuncio al temor, con todas mis fuerzas, y lo reprendo de mi vida. Creo que en la cruz, Jesús llevó todo mi temor y me hizo libre de esa maldición. Acepto el espíritu de poder y de dominio propio, otorgado por Jesús para mí. Sé que Jehová está a mi lado como un poderoso gigante y peleará siempre por mí. Amén"

CONCLUSIÓN

Cuando usted conoce las normas de justicia, y los avisos de peligro, sabe que simplemente obedeciendo será protegido del mal, pues está escrito: "No te sobrevendrá mal, ni plaga tocará tu morada. Pues a sus ángeles mandará acerca de ti, que te guarden en todos tus caminos. En las manos te llevarán, para que tu pie no tropiece en piedra" (Salmos 91:10-12).

O como el apóstol Pedro dijo: "Porque si estas cosas están en vosotros, y abundan, no os dejarán estar ociosos ni sin fruto en cuanto al conocimiento de nuestro Señor Jesucristo" (2 Pedro 1:8).

APLICACIÓN

Apunte a mantenerse siempre en el primer lugar, sin permitir nada en su vida que lo pueda descalifican. Identifique que es aquello que ha predominado más en su vida, y qué es un obstáculo en su desarrollo espiritual, y arránquelo.

Practique a diario la guerra espiritual a favor de su vida, de su familia y de su ministerio.

Aprópiese de la victoria dada por Jesús en la cruz del Calvario, y hágala suya todos los días. Pues, si usted es libre, podrá ayudar a otros.

TAREA

Lea el capítulo 6 de la parte I del libro "liderazgo de éxito a traves de los doce" del Pastor César Castellanos, y realice un resumen para presentarlo a su profesor(a).

Enfoque este trabajo a su vida de liderazgo.

Mateo 20:25-28

FUNDAMENTACIÓN
BÍBLICA
COMPLEMENTARIA

Tipos de Liderazgo

1 Corintios 1:11
2 Timoteo 2:2
Romanos 13:1
2 Timoteo 3:1-5
Tito 2:7, 8
Mateo 20:28

8

LECCÓN

TEXTO CLAVE

«Mas entre vosotros no
será así, sino que el que quiera
hacerse grande entre vosotros
será vuestro servidor»
Mateo 20:26

PROPÓSITO

Hemos comentado muchos aspectos sobresalientes del liderazgo, pero se hace imprescindible necesario recordar que el liderazgo no es uno en sí mismo, sino que existen varias tipologías de líderes, de acuerdo a la manera en que aplican sus niveles de autoridad y a la motivación que los impulsa a guiar a otros. La Biblia dice que en una viña se encuentran distintos tipos de obreros (Ver Mateo 20:1-16). Esto es comparable con la obra de Dios, en la que se encuentran distintos tipos de líderes.

Lo importante es encontrar el equilibrio perfecto entre ellos para desarrollar el liderazgo que el Señor quiere y que ha de contribuir a la expansión del evangelio y al crecimiento de la iglesia.

La formación de líderes es uno de los principales retos de nuestra iglesia, y lo hacemos bajo el convencimiento de que Dios está anhelando una iglesia activa, profundamente comprometida y preparada para recoger la cosecha de almas que día a día abren su corazón a Jesús.

"Entonces dijo a sus discípulos: A la verdad la mies es mucha, mas los obreros pocos. Rogad, pues, al Señor de la mies, que envíe obreros a su mies" (Mateo 9:37-38). Los obreros que Dios requiere son aquellos que darán la medida exacta de un liderazgo eficaz.

La presente lección, que puede considerarse como complemento de la número uno, busca conducir al estudiante a la selección de un liderazgo capaz de mantener la multiplicación.

NIVELES DE LIDERAZGO

Es interesante el análisis que hace John Maxwell, en su libro "Desarrolle el lider que esta en usted" (pág. 26), sobre los niveles de liderazgo:

A. Posición

Este es el nivel más bajo en el liderazgo. La única influencia que tiene el lider proviene de un título. La gente lo sigue porque tiene que hacerlo.

B. Permiso

Es lograr que la gente trabaje para usted, cuando no este obligada a hacerlo. La gente lo sigue porque quiere.

C. Producción

Es cuando comienzan a suceder las cosas buenas. La gente lo sigue por lo que usted ha hecho por la organización.

D. Desarrollo humano

Un líder es grande, no por su poder, sino por su habilidad de hacer surgir a otros. La gente lo sigue por lo que usted ha hecho por ellos.

E. Personalidad

Este es el nivel más elevado de todos. La gente lo sigue por lo que usted es y por lo que usted representa.

Para que pueda llegar al nivel de "personalidad", tenga en cuenta estos puntos:

1. SEA UN HOMBRE QUEBRANTADO

Un liderazgo eficaz es aquel en el cual el líder ha logrado desarrollar el máximo de su potencial y obtener los más óptimos resultados, convirtiéndose en un ejemplo para otros.

El líder nato es una persona de influencia, que tiene seguidores directa o indirectamente. No obstante, Dios tiene que tratar con cada uno de aquellos que Él ha escogido, pasándolos por todo un proceso de purificación, quitando de sus vidas todo aquello que pueda ser un estorbo en su ministerio. Asi, cada vez que alguien trate de apoyarse en lo que no es Dios, Él intervendrá y el intervendra y le hara consciente de la necesidad de morir a ello.

Entonces es cuando las personas están listas para cumplir el propósito divino. Podemos ver algunos ejemplos de hombres de Dios que fueron totalmente quebrantados por su poder a través de diferentes circunstancias.

A. Abraham

Dios le pidió lo que él más amaba, a su propio hijo (Génesis 22).

B. Jacob

Tuvo que luchar con el ángel de Jehová en uno de sus momentos de mayor angustia, cuando supo que su hermano Esaú venía a su encuentro con cuatrocientos hombres, supuestamente a matarlo. Esto lo llevó a buscar a Dios de una manera desesperada, donde se aferró al ángel y le dijo que no lo soltaría hasta que lo bendijera. En esa oración pudo ver cara a cara a Dios; y cuando se encontro con su hermano, pudo ver en él el rostro de Dios. (Genesis 32 y 33)

3. Moisés

Tuvo la revelación de la zarza que ardía y no se consumía. Cuando se acercó para ver qué era esa maravilla, oyó la voz del Señor que le dijo: "Moisés, quita el calzado de tus pies, porque el lugar donde estás, santo es". El fuego de la santidad de Dios purificó el corazón de Moisés, y Dios le pudo confiar la liberación de su pueblo.

2. SEA EL LÍDER QUE INFLUYE CON SU VIDA DE FE

"Es, pues, la fe la certeza (sustancia) de lo que se espera, la convicción de lo que no se ve" (Hebreos 11:1).

Todo aquel que desee tener un ministerio de éxito, debe vivir siempre en la dimensión de la fe. Es a través de ella que nuestra relación con Dios se fortalece, y podemos conquistar todos nuestros sueños.

3. SEA UN LIDER GUÍADO POR EL ESPÍRITU SANTO

El Señor Jesús refiriéndose al ministerio del Espíritu Santo dijo: "Él me glorificará; porque tomará de lo mío, y os lo hará saber. Todo lo que tiene el Padre es mío; por eso dije que tomará de lo mío, y os lo hará saber" (Juan 16:14-15).

Podemos ver que el Espíritu Santo es el representante legal de Dios en la tierra. En la medida en que Jesús es revelado a nuestras vidas, y comprendemos las Escrituras, el Espíritu se glorifique en nosotros. Debemos ser sensibles a su voz. Búsquelo a diario para que Él lo guíe en todas las cosas, no solo a nivel personal sino tambien ministerial.

4. SEA UN LÍDER DE ORACIÓN

Pensemos por un momento, si el Señor tuvo que depender de la oración, ¿cuánto más la necesitaremos nosotros?. Los mejores sermones que pueda predicar cualquier líder son aquellos que se han preparado en la cámara secreta de la oración.

CONCLUSIÓN

Obtener aquello que es valioso, requiere de un precio que se tiene que pagar. Ser llamados al servicio de Dios es un gran privilegio, pero demanda cumplir una serie de requisitos, que ya fueron expuestos.

Está en sus manos decidir qué clase de liderazgo aspira a ejercer. Un liderazgo fácil que no demande ningún esfuerzo de nuestra parte, dará resultados mediocres. Un liderazgo eficaz es aquel en que el líder ha logrado desarrollar el máximo de su potencial, logrando dar los más óptimos resultados, convirtiéndose en un ejemplo para otros, pero todo gracias al precio que pagó.

APLICACIÓN

Permita que estos principios estén de una manera permanente en su vida, dejando que el Espíritu de Dios lo quebrante, manteniendo una vida disciplinada de oración, viviendo en la dimensión de la fe.

Permita que el Espíritu de Dios lo dirija en cada uno de sus pasos, asi podrá convertirse en la persona que Dios quiere usar para dar a conocer a través de usted, su amor y su poder.

TAREA

Lea el capítulos 4 y 5 de la parte II del libro "liderazgo de éxito a traves de los doce", del Pastor César Castellanos, y realice un resumen para presentarlo a su profesor(a).
Enfoque este trabajo a su vida de liderazgo

Consejos Prácticos para Predicar

Parte 1

9
LECCIÓN

TEXTO CLAVE

«Sino que siguiendo la
verdad en amor, crezcamos en
todo en aquel que es la cabeza,
esto es, Cristo»
Efesios 4:15

PROPÓSITO

Ser predicador del evangelio es uno de los más grandes privilegios que pueda tener cualquier persona en este mundo. Equivale a ser elegido por Dios para que lo represente ante la gente.

Cada enseñanza que transmitamos, bajo el grado de responsabilidad que tengamos, se convierte en alimento espiritual para otros. Si usted es una persona que tiene un deseo ardiente por hacer la obra de Dios, vivirá con gran compasión hacia aquellos que el Señor le ha confiado, que vienen a ser como sus bebés espirituales. Su preocupación debe ser que ellos gocen de una excelente nutrición espiritual.

A través de esta lección, usted podrá encontrar algunos aspectos claves para convertirse en un comunicador eficaz y compasivo de la verdad de la Palabra de vida, que traerá salvación a aquellos que la escuchen.

1. ¿EN QUÉ CONSISTE LA PREDICACION?

La predicación de la Palabra, es más que saber dar un mensaje. Cualquiera se puede aprender una lección de memoria y repetirla; pero la comunicación del evangelio va más allá de transmitir conceptos teóricos, pues el predicador es como un canal donde fluye el río de vida del mensaje de Dios. Y Dios tiene mucho cuidado de que su río fluya sólo a través de canales limpios, santos y puros. Para esto Dios tiene que santificar la vida de aquel que ha de ser su vocero.

Muchos predicadores se han preparado para dar excelentes mensajes, pensando que esta era la manera de suplir las necesidades de las personas, sin alcanzar a comprender que se requiere algo más. Cada enseñanza que demos debe suplir sus necesidades. Cuando alguien asiste a una reunión, lo hace porque está esperando recibir de parte de Dios la respuesta a una situacion personal especifica. Si no encuentra algo que lo llene, simplemente empezará a buscar algun otro lugar donde el poder de Dios se manifieste supliéndole todo lo que le hace falta.

Quienes han vivido alejados de Dios, cayeron en la trampa del enemigo. Este los ha herido en diferentes formas, razón por la cual las primeras personas que van a llegar a su grupo, son las más necesitadas.

"Y se juntaron con él todos los afligidos, y todo el que estaba endeudado, y todos los que se hallaban en amargura de espíritu, y fue hecho jefe de ellos; y tuvo consigo como cuatrocientos hombres" (1 Samuel 22:2).

Dios se los confía para que usted los forme, hasta convertirlos en valientes guerreros espirituales. Al respecto Pablo dijo: "Procura con diligencia presentarte a Dios aprobado, como obrero que no tiene de qué avergonzarse, que usa bien la palabra de verdad" (2 Timoteo 2:15).

2. PREPARACIÓN DE LA PREDICACION

El predicador debe comenzar con la preparación de su sermón en el área espiritual. Aquel que aspira ser usado por Dios en la transmisión de su mensaje a la congregación, debe llevar una vida saturada de oración (Efesios 6:18), y permanecer en contacto directo con la Palabra de Dios. (Isaías 59:21).

Las siguientes sugerencias le ayudarán a preparar un mensaje de acuerdo al propósito de Dios:

· Asuma la costumbre de estudiar constantemente la Biblia por libros, capítulos y versículos.
· Diseñe el mensaje realizando una aplicación a su propia vida.
· Memorice todos los textos posibles que le ayuden a manejar con autoridad el mensaje ante el público
· Use el diccionario para aprender con precisión algunos términos y sus sinónimos.

Bosqueje la predicación de acuerdo a los siguientes items:

a. TÍTULO

Procurar que sea breve y resuma el tema del sermón.

b. OBJETIVO

Con la certeza de tener la palabra rhema para darla a su grupo, predique con toda su fe, sabiendo que el mensaje suplirá las necesidades de ellos.

c. INTRODUCCIÓN

Consiste en una aproximación al contenido, especialmente con una ilustración que cautive la atención del auditorio.

d. TEXTO

Precise la referencia bíblica central.

e. DIVISIONES PRINCIPALES

Elabore un esquema que ayude a desarrollar el sermón de manera lógica. cuide de tratar sólo los puntos que el grupo pueda recordar con facilidad. Algunos expertos recomiendan tres a cinco puntos, como suficientes en sus predicaciones.

f. CONCLUSIÓN

Arme un breve resumen de lo expuesto procurando que el oyente recuerde los diferentes puntos que se trataron.

g. APLICACIÓN

Si la conferencia no tiene una aplicación a la situación actual, pierde su esencia primordial, que es convertir las promesas de la Palabra en vida para los que oyen.

CONCLUSIÓN

El líder debe estar preparado para comunicar el mensaje de Cristo de manera efectiva. Su vida es una carta abierta, y leída por todo el mundo. Su predicación será la única esperanza que algunos podrán tener para alcanzar la salvación. Su fe será el ejemplo que muchos querrán imitar. Su vida de oración será su fortaleza espiritual.

APLICACIÓN

1. Busque la palabra rhema de Dios para su vida.
2. Comparta con otros lo que Dios le ha ministrado.
3. Hable siempre palabras de fe y de esperanza.

Consejos Prácticos para Predicar

Parte 2

10
LECCIÓN

TEXTO CLAVE

«Sino que siguiendo la verdad en amor, crezcamos en todo en aquel que es la cabeza, esto es, Cristo»
Efesios 4:15

PROPÓSITO

Ser predicador del evangelio es uno de los mas grandes privilegios que pueda tener cualquier persona en este mundo. Equivale a ser elegido por Dios, para que lo represente ante la gente.

Cada enseñanza que transmitamos, bajo el grado de responsabilidad que tengamos, se convierte en un alimento espiritual para otros. Si usted es una persona que tiene un deseo ardiente por hacer la obra de Dios, vivirá con gran compasión hacia aquellos que el Señor le ha confiado, que vienen a ser como sus bebes espirituales. Su preocupación debe ser que ellos gocen de una excelente nutrición espiritual.

A través de esta lección, usted podrá encontrar algunos aspectos claves para convertirse en un comunicador eficaz y compasivo de la verdad de la Palabra de vida, que traerá salvación a aquellos que la escuchen.

1. EL MANEJO DE LAS ESCRITURAS

- Seleccione el texto principal a partir del tema general.

- Examine el contexto. esto significa tener en cuenta los versículos que anteceden y que continúan al texto principal.

- Identifique las características y temas dominantes del pasaje. Esta parte le ayudará a estructurar las divisiones principales del sermón.

- Considere a las Escrituras en forma general, para no descuidar otros pasajes que guardan estrecha relación con el tema principal del mensaje que está preparando.

2. CONSIDERACIONES GENERALES PARA LA EXPOSICIÓN DEL MENSAJE.

Conserve su personalidad.

Sea usted mismo; no pretenda ser como otros.

Primero debe vivir lo que va a predicar.

Los oyentes deben verlo como un ejemplo digno de imitar.

Sea claro, conciso y preciso.

El buen conferencista es aquel que muestre facil lo complicado, lo confuso lo hace claro, y deja un objetivo especifico, concreto y delineado en las mentes de las personas.

Hable de una manera natural.

Esto es como lo acostumbra hacer con los de su casa. No hable gritando, porque la audiencia se puede sentir regañada. No hable demasiado bajito, porque los puede aburrir. Hable siempre con todo el corazón.

CONCLUSIÓN

El líder debe estar preparado para comunicar el mensaje de Cristo de manera efectiva. Su vida es una carta abierta, leída por todo el mundo. Su predicación será la única esperanza que algunos podrán tener para alcanzar la salvación. Su fe será el ejemplo que muchos querrán imitar. Su vida de oración será su fortaleza espiritual.

APLICACIÓN

1. Busque la palabra rhema de Dios para su vida.
2. Comparta con otros lo que Dios le ha ministrado.
3. Hable siempre palabras de fe y de esperanza.